Vestigis

AF397669

Klaus Ebner

Vestigis

Poesia

Són rigorosament prohibides, sense l'autorització escrita dels titulars del ‹copyright›, sota les sancions establertes a la llei, la reproducció total o parcial d'aquesta obra per qualsevol procediment, incloent-hi la reprografia i el tractament informàtic. Podeu adreçar-vos a CEDRO (Centro Español de Derechos Reprográficos, www.cedro.org) si necessiteu fotocopiar o escanejar algun fragment d'aquesta obra. Tots els drets reservats.

© Klaus Ebner 2019/2020 – www.klausebner.eu
© Disseny i maquetació: Klaus Ebner, a partir d'un dibuix d'Artturi Mäntysaari a Pixabay (www.pixabay.com)
Edició i impressió: BoD–Books on Demand
info@bod.com.es – www.bod.com.es
Printed in the European Union
ISBN: 978-84-13267814

u

un objecte filiforme
prim potser furtiu
un pensament
——

empres els dits
per fer vibrar
aquesta cúpula voltant
——

l'únic so que sents
un creixement impetuós
primera intenció

toques aquesta terra
amb la teva mà
teixit entre dos dits
——

reconeixes
que l'olor no defineix ni l'aire
ni el so
——

estàs vaguejant, zigzaguejant
veus que hi deixes
un rastre

els actes virginals
cerquen el seu impacte
cerquen el seu cas
——

per formar un món enter
la multitud s'agrupa
plenitud
——

per mera voluntat
sou potents
i ho saps

aixecaven una gran polseguera
nous aliats inspirats a encendre aquest foc
i desencadenant la primavera
que obrí el camí cap a una altra ribera

——

cadascú desitja atènyer aquell lloc
com tu que vols plantar una olivera
per crear un benestar a partir de poc
no sospites mai que tot això és un joc

——

que et mostra com l'esperança humana neix
comences a captar les grans preguntes
et gires i demanes forces juntes

——

es contaran sortides tenebroses
l'escriptura en farà de lluminoses
per assegurar que la consciència creix

despertament de roques ancianes
nous esforços
èxit de la joventut
———

figueres, oliveres
treballes amb el sòl
cultura de massa
———

durant les hores lliures
t'enamores
de llibres, de dones, de talles

perfum de poncelles
enamorat
fragància de l'amor
———

l'alenada que estima els sons
diu la poetessa
la fragància de les flors que sona
———

toques les campanes
que engendren el cor poètic
descans reflexiu

navegació de pensaments pels astres
culls els punts brillants
cel de nit
——

asseguda en un banc
la dona
que domina el teu esperit
——

reconeixes la cua de foc del meteor
arc iris transcendental
senyal de la teva mà oculta

mires la lluna
i sents les cançons
sobre el pacte de sang
——

reconeixes la veu
només amb el cor
que signà aquest pacte
——

la lluna plena és una lluna granada
escolta aquesta veu
que canta l'amor

clous els ulls
i llegeixes les paraules
sobre l'enteniment
———

una conjura de ràbia
que són les paraules
d'una dona
———

esperes la lluna rodona i roja
perquè les paraules
prometen l'amor boja

record dels llavis
que s'imposen
somni d'una nit d'estiu
——

dubtes que els versos puguin
esdevenir llances
ombra sota l'olivera
——

vols de falcons
et guien força lluny
somni reial

els pensaments
són les ungles que esgarrapen
la membrana superior
——

serpenteges
però no pots escapar
t'animes per l'esgarrifança
——

somies un forat
negre
abisme de l'ésser

matí o capvespre
quina diferència?
menges i menges

———

filosofia i pa
creença i vi
la nutrició de la multitud

———

suprimeixes un dubte
una sospita
prefereixes l'ancià plaer

t'agraden els fils
furtius
raonament sense confins
——

fas aixecar esperança
la seva traça
conquereix l'aire
——

recobres la volada de l'os
indecisa pel moment
et trobes dins el motlle de l'ens

construir llogarets i ciutats
dreçar gratacels
bastir civilitzacions
——

acompanyes la teva gent
com la gent
està acompanyant el món
——

coneixes la crònica escrivint la realitat
com el poeta que espera
l'arribada del seu poema

cordes de la realitat
hipotètica
determinen l'explicació
——

cerques una resposta
a la pregunta
a la qual ningú no sabia respondre
——

forges una clau
des de l'hidrogen
respons a través de la creació

amb les mans i els dits
dones forma
creació des de l'esperit fins a la pedra
——

afaiçones les curvatures del cos
femení o masculí
fingeixes que no ho saps
——

emmotlles detalls
cristal·litzen ulls i boca
escultura de marbre

toques les curvatures
amb la teva mirada
obra sensual

—

et preguntes què o qui determinarà
la perdurabilitat
de la creació

—

el marbre és carn
els ulls són emoció
memòria de la vida

la bellesa d'un quadre
el murmuri del vent
transitorietat

———

a la fi de l'espera
romandrà
la mudesa

———

desitges alçar-te
intentes fer una correcció
a temps

el silenci imminent
t'impressiona
l'espera innocent de la traïció
——

cap pla decideix
cap raó pren la responsabilitat
jugues amb la intuïció
——

encara que totes les accions
deixin traces
t'agrades com a traçador

pas a pas
produeixes empremtes
continents trepitjats
——

mot a mot
produeixes històries
biblioteques llegides
——

alè a alè
produeixes vida
instant filiforme

penges un pany de cel
a la paret
on resideix com una cascada
——

obres el paraigua ple
d'arguments
pluja de paraules
——

tens també un nom?
on l'escrius?
a sota?

floten enyors filiformes
a través de les muntanyes
vell matí
———

presumeixes que no podràs mai
fer com el túrdid
que sents cantar incansablement
———

el túrdid fa malabarismes amb tres sons
com si ho fossin tot
el mai pareix el no-res

aquest conte de l'home
que es deia
era-una-vegada

——

narres als petits
de manera que els grans
continuïn les rondalles

——

aquest conte de la dona
que es deia
era-una-vegada

dos

amb cautela
sense mot esprovo si la sorra
engoleix el meu pes
enmig
d'aquest no-res

el meu moviment no seria
perceptible
si no hi hagués aquest airet
soc un bri de sègol
m'inclino als dos costats

alço un còdol
suaument i pensatiu
l'airada es canvia a brisa
que em lleva
la roca que tinc contra la tempesta

bastida per forces orogèniques
parets amb l'ambició d'arribar fins al cel
parets de tela
columnes fetes de carta articulada
cada nus un tros de memòria
embolcall
per a entrants
un edifici com un monument
el passat s'amaga en cada racó
el futur seu amb cames relaxades
al centre
emergeix un tron
que
entre els braços
exhibeix l'únic full sense ratlles
esperança
que la borrasca mancà
des de les branques més altes
múltiples veus enllaçades entre si xiuxiuegen
importància... significació... essència... (bis)
les lletres bastiren l'escrit
però la torre no bastà d'abric
l'antiga biblioteca s'enfonsà
dins un mar de frenesia
dins l'oceà etern de la desesperació
la seva reverberació toca cordes sensibles
allibera un sentiment difús de culpa
quan les lletres s'esvaeixen per sempre
tot roman sense
significació

toco la terra
em sembla carta dura
sense endurança
toco la terra
i deixo un rastre

amb passos reflexius
cedeixo
no vull confondre
les meves petges
amb les que s'encreuen constantment

la punta del meu peu
l'obstacle dins la sorra
el xoc
m'assec per guanyar temps
una mica de temps per a mi

un petit no-res
la punta del peu de la terra
com un ull dins el mar de sorra
començo a entendre
un regal

petit detall
alçant-se del sòl
colze o genoll
el desig de fer-li una carícia
em sembla agosarat

allibero el cap
a més a més
reconec les formes corbes
un cos de marbre
endinsat per a l'eternitat

quan el vent s'encalma
la meva intenció es forma
sec, esgrogueït, val la pena
vull fer-lo sortir
sento un goig inesperat

m'agrada treure amb prudència
trec els membres
força moderada
apareix el tòrax amb un so estrany
la impressió del dol

estic segur
que la lesió fou causada també
amb intenció
sento l'esgarrinxada
dins el cor

fosc camí de la mirada
a l'inici mor la flor
comprenc de sobte que a vegades
són les minúcies
que atreuen tothom

pins trencats
a la vora del camí
com si recordessin
la tempesta glaçada
d'un saber perdut

he tocat la terra
he llegit els llibres a la biblioteca
he trobat una multitud d'indicis
una mica cansat
estic rememorant la nostra arribada

punt blau
espai negre
com la composició d'un artista
un no-res pàl·lid sobre
una tela de mudesa

un planeta
còdol transitori enmig de l'eternitat
indecisos
ens acostàrem
a un nan creixent

ens acostàrem
a colors que fan somiar
ens acostàrem
a taques blanques
núvols

quan començàrem a entendre
ens acostàrem
a mars i continents
però encara no sabérem que ens acostàvem
a misteris

esperàrem paisatges
els colors que coneixíem
esperàrem oceans
onades i escumes
vivacitat

assíduament
anoto la barreja d'errors
dins un bloc
les cordes temporals
són la nova espiritualitat

encontràrem un passat
contemplàrem els vestigis de l'inexpressable
del monstruós
faig unes notes al microordinador
cercant les traces de l'avenir

tres

un ventall de símbols
l'inexpressable crea metàfores
que seran reminiscències
——

un tros allí un tros allà
veïns que et semblen mai
junts
——

observes astres
creixent i estrella s'encreuen
saps que no estaran sols

sents la furor
et recordes dels dies promesos
tempesta anunciada
——

ignores l'origen de la destral
espant
lamentes el cop de ferro
——

l'esgarrifança pren possessió de tu
és el moment en què el passat esdevé futur
escultura ferida

lligams de segles
trencats
no pots oblidar
——

línies sota forma de fuga
absència de colors
no oblides
——

dins una gerra de llet
negra
s'enfonsa un gra d'esperança

preguntes si tots els versos es crearen
impresos dins la memòria, paraules
tan velles i celebrades en aules
per les generacions que les cantaren

———

vora el bressol, sospites que lligaren
llurs sons màgics i melodies amb faules
posaren llibres a totes les taules
mirant com els capítols desbordaren

———

el zel, com esclataren els seus versos
a la cerca eterna de nous conversos
traint l'escriptura –sí– per l'ànsia pura

———

saps que sempre prometien les estrelles
però que mai no arriben meravelles
i tems que el mot sigui una sepultura

esforços
que et semblen sobrehumans
l'últim sospir de pocs
——

la multitud emperò
dorm
i té festes
——

la ploma duu
la teva mà
i evoca un mirall cansat

mirall
que veus la foscor de la vida
has d'explicar la teva ceguesa

—

taques blanques
una boira inesperada
invalidant un món

—

alces la mirada
és per primer cop
que sents una pena mil·lenària

el teu pas
ràpid i furtiu
fuges de la comprensió
——

empremta dins la neu
empremta de la tasca
empremtes sobre els fulls d'aquest llibre
——

corres a un final inconegut
explotació del punt mort
granja de tossuderia

l'esguard és un treball de recerca
la teva intolerància duu a eixides
quimèriques

————

empremtes amagades
edat
de la humanitat

————

la teva intolerància dugué a eixides
mortals
l'esguard hauria estat un treball de recerca

es defineix la vida
de maneres diferents
diversitat humana
——

acumular riqueses
crear una obra d'art
disposar d'aigua neta
——

ningú no creu que el món
pugui aturar-se
natura morta

descobreixes la història
clau
a la casa de l'oblit
———

davant la porta el joglar
dissenya una cella aixecada
a l'arena del temps
———

la necessitat de la crònica
t'empeny a forjar paraules
lectura contínua

desplegaves rotlles
amb el dit atent
lectura contínua
——

escrivies en rotlles
aplanaves la flor del rei
l'any dels quatre emperadors
——

conrees els còdexs
els construeixes un edifici
una torre com a abric

la casa de l'oblit
té floridura verda
sorra sobre els esglaons
——

no és el poeta el qui decapita
els joglars
se sent el tambor
——

el pas del temps accelerava
des del començament
ignores com es pot alentir

les coses s'estan capgirant
molt de pressa
no lluites més
——

parles de la terra dels pares
n'escrius
cada somni té sentit
——

si ja no saps com viure
deixes casa i sòl
naufragi intel·lectual

col·leccionador de senyals
amb trepitjades gegantines
el sexe no té cap importància

———

et rentes les mans en la
intenció
fira de bona voluntat

———

constructora de fragments
amb salts prudents
el sexe no té cap importància

corres cap a la línia
d'arribada
pluja de promeses
——

crides les al·lusions
pels seus noms
cel de cançons mudes de por
——

plantilla peripatètica
intrínseca sang
esperança

segueixes les línies
predefinides
plantilla de la història
—

per interès, per presumpció
s'alça un coet
amb un somni col·lectiu
—

escrius per agafar el temps
escrius cap al fons
polissó dins un coet interestel·lar

s'alça el sol
i s'anuncia el capvespre
jornades massa curtes

——

quant de temps caldrà
per a una vida?
diluvi d'inseguretats

——

rostre tardà
proves la superació
dins la gàbia de xerrameques

bravateges
les possibilitats no es queden amagades
carines

——

poder, creença, juraments
amenaça, frau, fanatisme
la jukebox de bestieses

——

cerques un abric entre els monuments
retrocedeixes pel sotrac
relleu anivellat

olor de cendra
olor de pergamí cremat
olor de carn

———

mirall, t'has envellit
t'agradaria envolar-te
com els falcons

———

la boira serà fum
anomalies meteorològiques
sobre la deriva dels continents

com es pot escriure poesia avui?
pregunta la poetessa
al món

——

fas tots els possibles per
mantenir
la claredat

——

es pot confondre la tradició
amb la traïció
quina qüestió romandrà?

boca de ferida
que no serveix com a
sortida
——

el teu cos posa la mudança
dels mil·lennis perduts
d'enyorança et mors
——

paisatge cansat
paraula inarticulada
tu estàs esperant els flocs

la neu cobreix
trepitjades en el camí
neu de la nit passada

———

la neu que ho cobreix tot
et cobreix
amb el pes dels teus flocs d'emocions

———

dins la neu
alces el cap i escoltes
com la neu cau

vas somiar objectes filiformes
suprimeixes la voluntat
esforç perpetu
——

ignores si sobreviuràs
estàs lliscant entre els mons
però ignores els teus vestigis
——

estàs obrint els punys
estàs tancant els ulls
saps que tornarem

Dec algunes inspiracions
a Rose Ausländer i Maria-Mercè Marçal,
a Paul Celan i Salvador Espriu.

Klaus Ebner va néixer el 1964 a Viena, Àustria. És narrador, assagista, poeta i traductor. Tot i que la major part de la seva obra és escrita en alemany, també escriu poemes en català. El seu primer poemari català, *Vermells*, va ser publicat el 2009 per una editorial de la Cerdanya. Ha obtingut diferents premis de literatura; per exemple, el premi Wiener Werkstattpreis 2007 per a un conte i un assaig sobre Tirant lo Blanc, i el Premi de Poesia Parc Taulí 2014 per al poemari *Blaus*, publicat per Pagès Editors. Klaus Ebner és soci de l'Associació d'Escriptors en Llengua Catalana i del P.E.N. Català.

Poesia:

Vestigis, Madrid 2019/2020

Blaus/Bläuen, Lleida 2015

Vermells/Röten, Urús 2009

Assaig:

Per què (... escric), Madrid 2020

www.klausebner.eu